넥서스주니어

31
December

ZOO

동물원

에게

sign

표지판, 신호

January

1월

29
December

say

말하다

1

January

body

몸

28
December

깨물부기

walk

걷다

2

January

head

머리

27
December

street

거리, 큰길

3
January
이상해씨
hair
머리카락

26
December

building

건물

꼬부기

face

얼굴

25
December

museum

박물관

5
January

eye
눈

24
December

gym
체육관

6
January

ear

귀

23
December

제라오라

pool

수영장

7
January

nose

코

22
December

park

공원

8
January

mouth

입

21
December

market

시장

9 January

lip

입술

20
December

station

역

10
January

tooth

이, 치아

19
December

store

가게, 상점

11

January

neck

목

18
December

post office

우체국

12
January

arm

팔

17
December

church

교회

13
January

hand

손

16

December

bank

은행

14

January

leg

다리

15

December

city

도시

15
January

foot

발

14
December

way

길, 방법

16
January

house

집

13
December

stop

멈추다

17
January

탕구리

door

문

12
December

cross

건너다

18
January

또가스

roof

지붕

11
December

turn

돌다

window

창문

10

December

road

도로, 길

20
January

flower

꽃

9
December

right

오른쪽, 오른쪽의

21
January

plant

식물

8
December

left

왼쪽, 왼쪽의

22

January

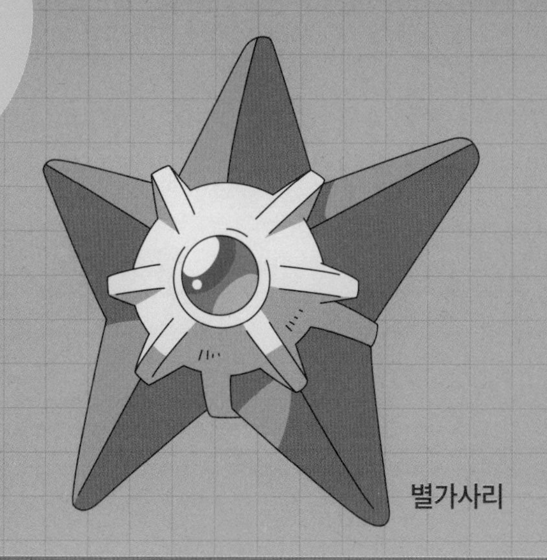

cat

고양이

7
December

come

오다

23
January

dog

개

6
December

고고트

go

가다

24
January

stairs

계단

5
December

drive

운전하다

25
January

close

닫다

4
December

train

기차

26
January

live

살다

3
December

subway

지하철

27
January

나

2
December

bus

버스

28
January

라프라스

you

너, 너희들

1

December

car

자동차

29
January

this

이것, 이

December

12월

30

January

that

저것, 저

bee

벌

31
January

미뇽

out

밖에, 밖으로

29
November

butterfly

나비

February

2월

28
November

칼라마네로

thunder

천둥

1

February

family

가족

견고라스

lightning

번개

2
February

photo

사진

26
November

ice

얼음

3
February

어니부기

grandfather

할아버지

25
November

umbrella

우산

4
February

grandmother

할머니

24

November

snowy

눈이 내리는

5
February

parents

부모

23
November

rainy

비가 오는

6
February

brother

형, 오빠, 남동생

22
November

sunny

맑은, 화창한

7
February

sister

누나, 언니, 여동생

21
November

weather

날씨

8
February

나인테일

uncle

삼촌

20

November

도치보구

winter

겨울

9
February

aunt

고모, 이모

19
November

autumn

가을

10
February

cousin

사촌

18
November

summer

여름

11 February

baby

아기

17
November

spring

봄

12
February

robot

로봇

16
November

season

계절

13
February

doll

인형

15
November

favorite

가장 좋아하는

14
February

she

그녀

14
November

cute

귀여운

15
February

he

그

13
November

멜리시

feed

먹이를 주다

16
February

day

하루, 날, 낮

12
November

goat

염소

17
February

sun

해

11
November

turtle

거북

18

February

sky

하늘

10
November

sheep

양

19
February

morning

아침, 오전

9
November

rabbit

토끼

20
February

wake

깨우다

8
November

아마루스

chick

병아리

21
February

breakfast

아침 식사

7
November

goose

거위

22
February

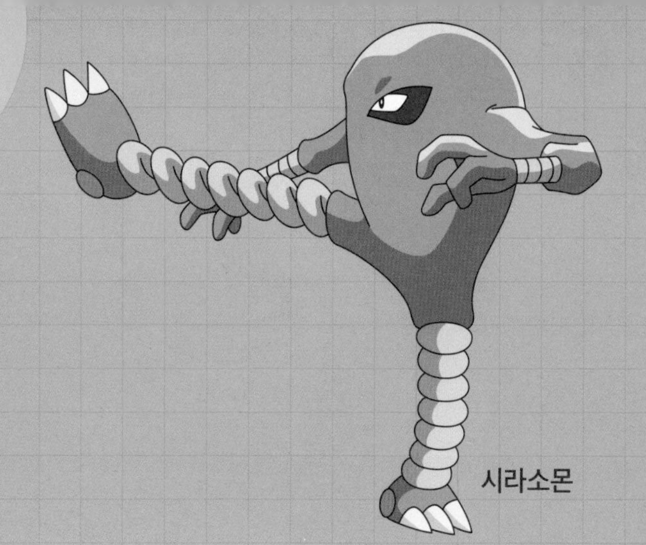

afternoon

오후

6

November

티고라스

duck

오리

23
February

또도가스

lunch

점심

5

November

목도리키텔

horse

말

24

February

homework

숙제

4
November

pig

돼지

25
February

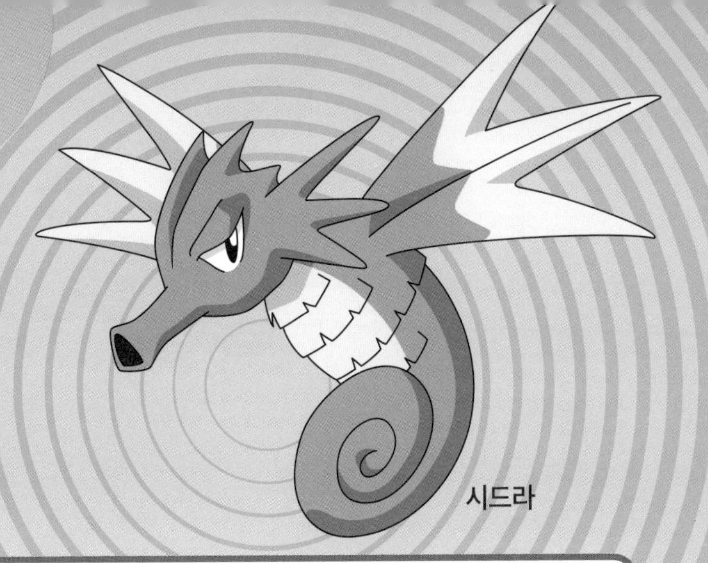

evening

저녁

3
November

COW

소

26
February

dinner

저녁 식사

2
November

animal

동물

27
February

free

자유로운

1

November

farm

농장

28
February

쥬피썬더

night

밤

November

11월

29

February

star

31
October

deep

깊은

March

3월

30

October

sorry

미안한

1

March

school

학교

29
October

fight
싸우다, 다투다

2
March

playground

운동장, 놀이터

28
October

화살꼬빈

fish

물고기

3
March

teacher

선생님

27
October

toy

장난감

March

student

학생

26
October

little

(양이) 적은

5
March

신뇽

boy

소년

25
October

wet

젖은, 축축한

6

March

girl

소녀

24
October

hat

모자

7
March

friend

친구

23
October

hot

더운, 뜨거운

8
March

move

움직이다, 옮기다

22
October

rest

휴식, 쉬다

9

March

clean

깨끗한

21
October

치라치노

swim

수영하다

10
March

early

이른, 일찍

20
October

sand

모래

11
March

late

늦은, 늦게

19
October

island

섬

12
March

before

~ 전에

18
October

sea

바다

13
March

after

~ 후에

17
October

beach

해변

14
March

smart

똑똑한

16
October

country

나라, 시골

15
March

speak

말하다

15
October

world

세계

16
March

eraser

지우개

14
October

travel

여행하다, 여행

17
March

pencil

연필

13
October

hear

들다, 들리다

18
March

notebook

공책

12
October

arrive

도착하다

19
March

name

이름

11

October

wait

기다리다

20
March

study

공부하다

10
October

meet

만나다

21
March

hard

딱딱한, 단단한

9
October

hurry

서두르다

22

March

soft

부드러운

8
October

welcome

환영하다, 환영

23
March

music

음악

7
October

절각참

sad

슬픈

24
March

piano

피아노

6
October

happy

행복한

25
March

sing

노래하다

5
October

passport

여권

26
March

dance

충추다

4

October

passenger

승객

27
March

show

보여 주다

3 October

pilot

조종사

28
March

make

만들다

2
October

airplane

비행기

29
March

paint

칠하다

1

October

airport

공항

에이팜

use

사용하다

October

10월

31
March

paper

종이

30
September

there

저기에

April

4월

29
September

here

여기에

1
April

color

색

28
September

spider

거미

2
April

black

검정색의, 검정

27

September

조로아

ant

개미

white

흰색의, 하양

26
September

bird

새

4
April

red

빨간색의, 빨강

25
September

stone

돌, 돌멩이

5

April

blue

파란색의, 파랑

24
September

leaf

나뭇잎

6
April

brown

갈색의, 갈색

23
September

wood

나무, 목재

7
April

gray

회색의, 회색

22
September

lake

호수

8
April

green

초록색의, 초록

21
September

air

공기

마자용

pink

분홍색의, 분홍

20

September

fresh

신선한

10
April

yellow

노란색의, 노랑

19 September

peace

평화

11
April

small

작은

18
September

beautiful

아름다운

12
April

big

큰

17
September

forest

숲

13
April

line

선, 줄

16
September

fun

유쾌한, 재미있는

14
April

long

긴

15
September

join

참여하다, 함께하다

15
April

핫삼

circle

동그라미

14
September

like

좋아하다

16
April

run

달리다

13
September

glad

기쁜, 즐거운

17
April

speed

속도

12
September

carry

가지고 가다, 나르다

18
April

throw

던지다

11
September

basket

바구니

19
April

catch

잡다

10
September

picnic

소풍, 피크닉

20
April

jump

점프하다

9
September

invite

초대하다

21
April

kick

(발로) 차다

8
September

gift

선물

22
April

roll

구르다, 굴러가다

7
September

surprise

놀라게 하다

23
April

마그마그

ready

준비가 된

6
September

age

나이

24
April

try

시도하다, 노력하다

5

September

수댕이

candle

초

25
April

strong

트튼한, 힘이 센

4
September

piece

조각

26
April

딜리버드

weak

약한, 허약한

3
September

cake

케이크

27
April

만타인

fat

뚱뚱한

2
September

party

파티

28
April

델빌

thin

마른

1
September

birthday

생일

29
April

slow

느린

September

9월

30
April

fast

빠른

31
August

delicious

맛있는

May

5월

30
August

fill

채우다

1
May

one

하나

29
August

empty

텅 빈, 비어 있는

2
May

two

둘

28
August

sugar

설탕

3
May

three

셋

27
August

salt

소금

four

넷

26
August

juice

주스

5

May

뽀뽀라

five

다섯

25
August

milk

우유

6
May

six

여섯

24
August

water

물

7
May

seven

일곱

23
August

hamburger

햄버거

eight

여덟

22
August

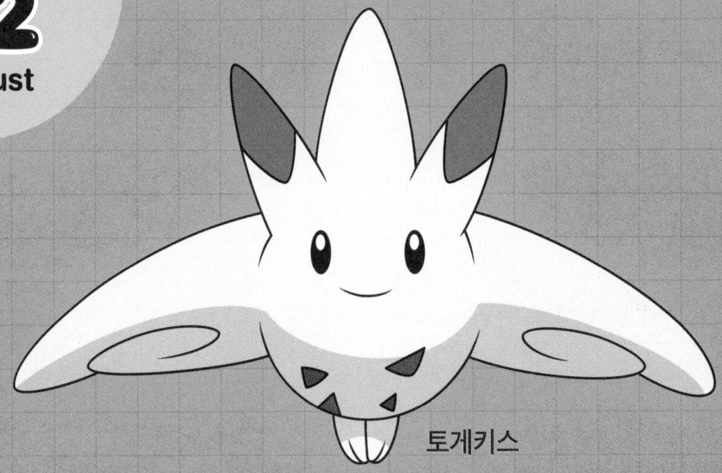

sandwich

샌드위치

9
May

nine

아홉

21
August

레지기가스

cheese

치즈

10

May

앤테이

ten

열

20
August

soup

스프, 국

11
May

eleven

열하나

19
August

rice

12
May

애버라스

twelve

열둘

18
August

meat

육류, 고기

13
May

thirteen

열셋

17
August

egg
달걀

14
May

칠색조

fourteen

열넷

16
August

candy

사탕

15
May

세레비

fifteen

열다섯

15
August

bread

빵

16
May

sixteen

열여섯

14
August

snack

간식

17
May

seventeen

열일곱

13
August

food

음식

18
May

eighteen

열여덟

12
August

글라이온

large

큰

19
May

nineteen

열아홉

11

August

twice

두 번

20

May

twenty

스물

10
August

리피아

once

한 번

21
May

hide

숨다

9
August

medicine

약

22
May

find

발견하다

8
August

headache

두통

23
May

그랑블루

swing

그네

7
August

fever

열

24
May

slide

미끄럼틀

6
August

sick

아픈

25
May

메꾸리

play

경기하다, 놀다

5

August

feel

느끼다

26
May

pull

당기다

worry

걱정하다

27
May

push

밀다

스콜피

hurt

다치다

28
May

물짱이

heavy

무거운

2
August

lady

숙녀

29
May

light

가벼운

1

August

gentleman

신사

30
May

up
위로

August

8월

31

May

down

아래로

31
July

finish

끝내다

June

6월

30
July

start

시작하다

1

June

fall

넘어지다

29
July

score

점수

2
June

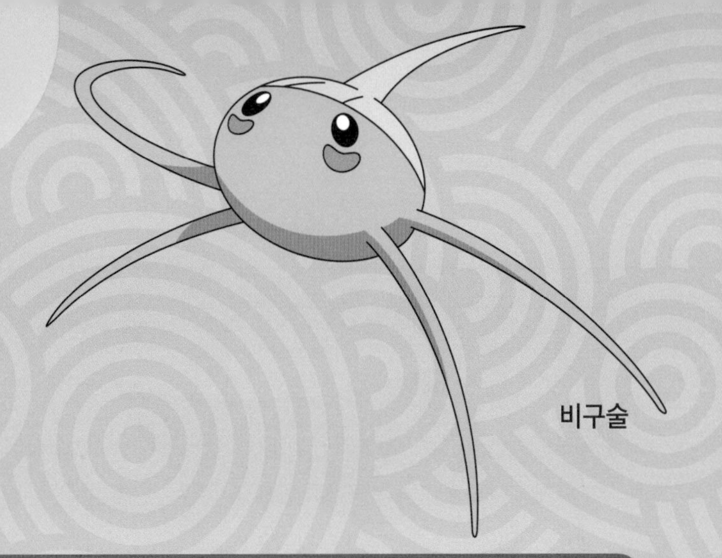

kid

아이

28
July

ball

공

3
June

group

무리, 그룹

27
July

glove

장갑

4
June

good

좋은

26
July

different

다른

5
June

bad

나쁜

25
July

same

같은

bench

벤치, 긴 의자

24

July

lose

지다

7
June

talk

말하다

23
July

win

이기다, 승리하다

June

library

도서관

22
July

volleyball

배구

9
June

book

책

21
July

boxing

권투

10
June

bookshelf

책장

20
July

soccer

축구

11
June

forget

잊다

19
July

basketball

농구

12
June

remember

기억하다

18
July

baseball

야구

13
June

bored

지루한

17
July

sport

스포츠, 운동

14
June

interested

흥미 있는

16
July

pumpkin

호박

15

June

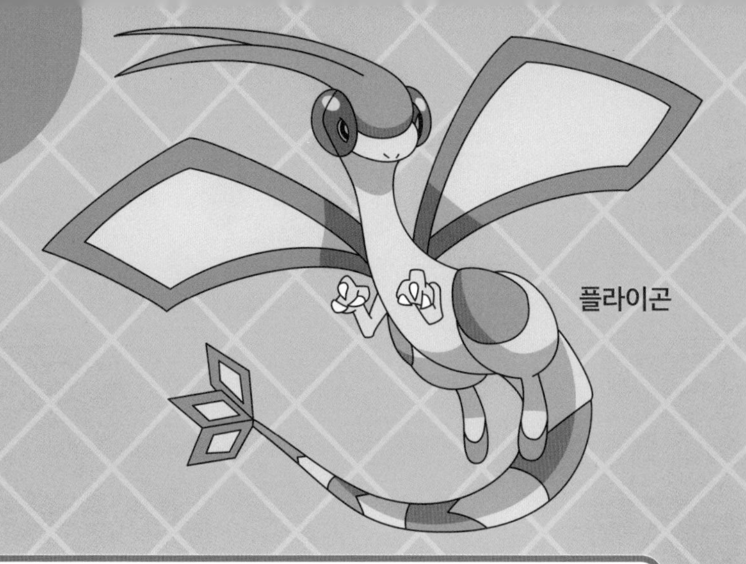

easy

쉬운

15
July

garlic

마늘

16
June

difficult

어려운

14
July

onion

양파

17
June

read

읽다

13
July

bean

콩

18
June

problem

문제

12
July

potato

감자

19
June

newspaper

신문

11
July

corn

옥수수

20
June

page

쪽, 페이지

10

July

carrot

당근

21
June

quiet

조용한

July

보스로라

watermelon

수박

22
June

child

어린이

8
July

strawberry

딸기

23
June

top

꼭대기

7

July

banana

바나나

24
June

middle

중간, 한가운데

6
July

peach

복숭아

25
June

bottom

밑, 바닥

5
July

pear

배

26
June

hospital

병원

4
July

grape

포도

27
June

doctor

의사

3
July

apple

사과

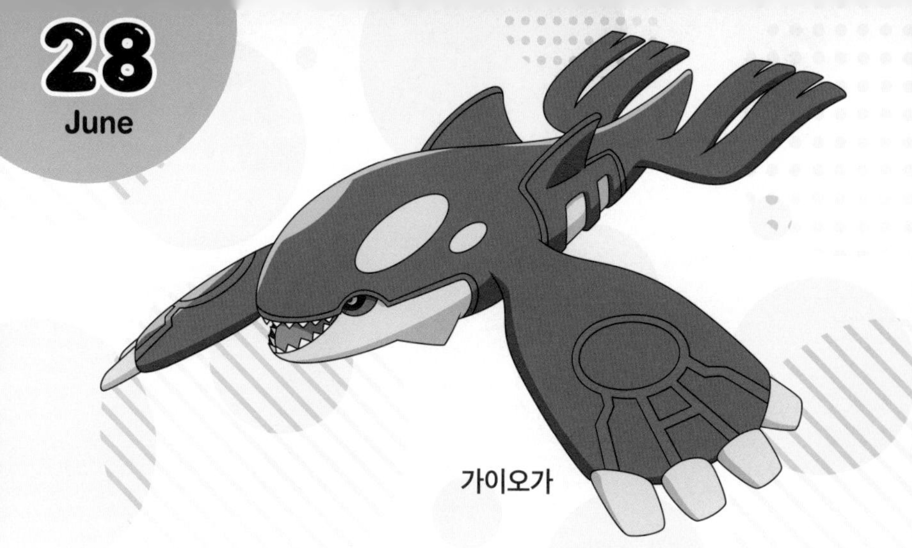

nurse

간호사

2
July

번치코

vegetable

야채

29
June

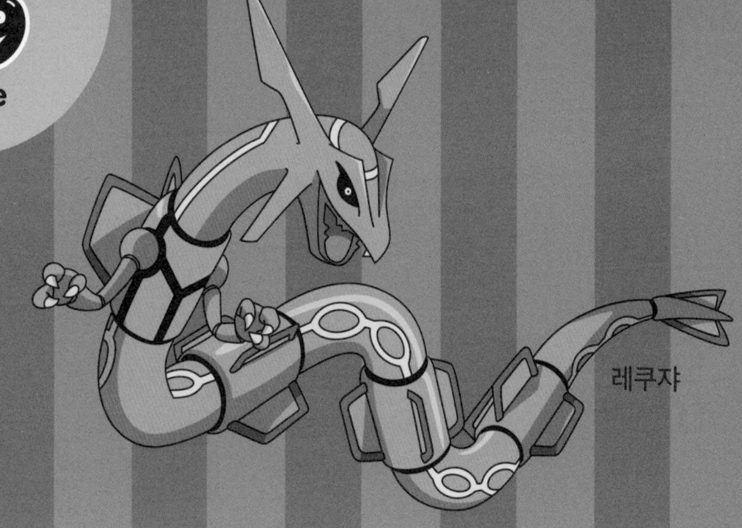

patient

환자

1
July

fruit

과일

30
June

people
사람들

July

7월

MEMO

MEMO

MEMO

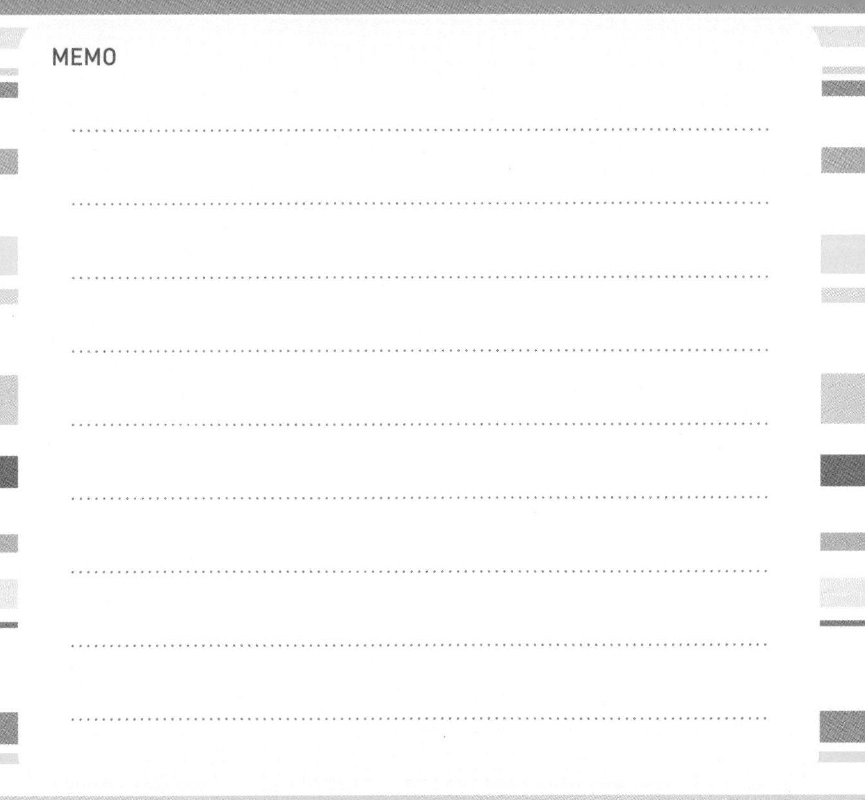
MEMO

03740
9 791166 833502
ISBN 979-11-6683-350-2

값 20,000원

KC마크는 이 제품이
공통안전기준에 적합
하였음을 의미합니다.

▲ 주의

종이에 손을 베이지
않도록 주의하세요.